D1755007

SúperPreguntas

¿QUÉ ES LA LIBERTAD?

Damos las gracias a la ciudad de Nanterre,
que nos ha permitido llevar a cabo nuestro
proyecto de filosofía en la escuela de Primaria,
a los profesores que se han embarcado en
esta aventura y a todos los niños y niñas de la
ciudad que han intentado devolverle el sentido
y todo su vigor a la palabra.

Todo nuestro agradecimiento a Isabelle Millon,
por su inestimable colaboración.

Copyright 2005. by Éditions Nathan – Paris, France.
Édition originale: *La liberté, c'est quoi?*
© Ed. Cast.: edebé, 2007
Paseo San Juan Bosco, 62 – 08017 Barcelona – www.edebe.com
Traducción: Beatriz Bueno

SúperPreguntas

¿QUÉ ES LA LIBERTAD?

Texto de Oscar Brenifier
Ilustraciones de Frédéric Rébéna

edebé

¿Preguntas?
¿Por qué preguntas?

Los niños se hacen preguntas, todo tipo de preguntas, a menudo importantes. ¿Qué hacer con ellas? Los padres, ¿deben responderlas? ¿Por qué deben responderlas ellos en lugar de sus hijos?

No se trata de evitar la respuesta de los padres, ya que ésta puede ayudar al niño a formarse la suya. Pero también es conveniente enseñarle a pensar y a juzgar por sí mismo, a reflexionar para llegar a ser autónomo y responsable.

En todos los libros de la colección Súper-Preguntas, para cada pregunta se ofrecen diversas respuestas. Algunas de ellas parecen evidentes, otras misteriosas, sorprendentes, desconcertantes. Todas ellas serán objeto de nuevas preguntas, ya que el pensamiento es un camino que no tiene fin.

Estas últimas preguntas quizá se queden sin respuesta. Tanto mejor. No es indispensable responder. Una pregunta puede gustar por sí misma, solamente porque es una bella pregunta, porque presenta un bello problema lleno de sentido y de valor. Así pues, la vida, el amor, la belleza o el bien seguirán siendo siempre preguntas.

Pero aquí las preguntas van a proporcionarnos algunas pistas. Vamos a examinarlas, a apreciarlas como verdaderas amigas que quieren evitarnos desvelos. Y vamos a prolongar este diálogo, que seguro que aportará tanto a los padres como a sus hijos.

Oscar Brenifier

Índice

- ¿Puedes hacer todo lo que quieras?
- ¿Los demás te impiden ser libre?
- ¿Necesitas crecer para convertirte en un ser libre?
- ¿Un prisionero puede ser libre?
- ¿Tenemos todos derecho a ser libres?
- ¿Para qué puede servirte la libertad?

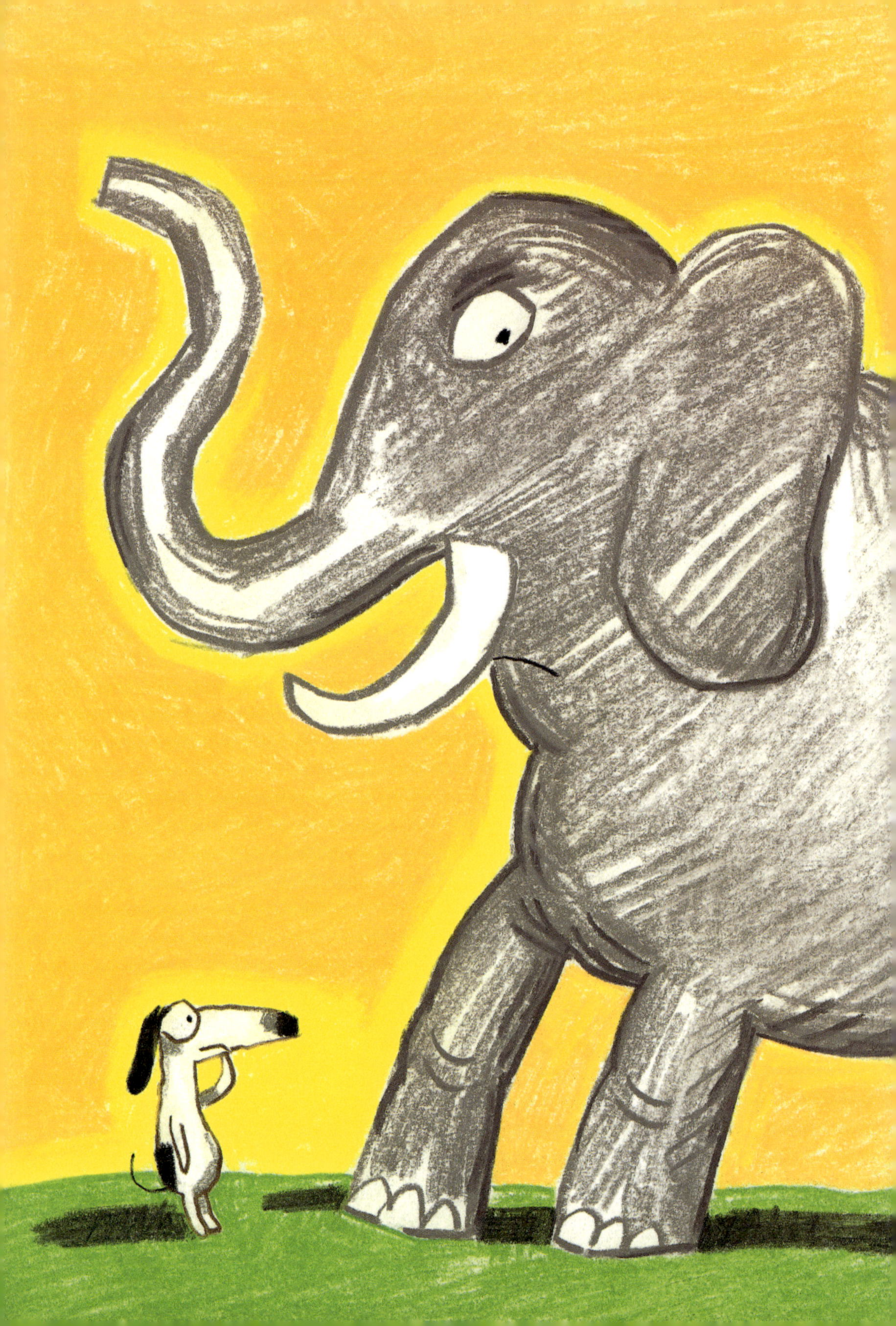

¿Puedes hacer todo lo que quieras?

VOLUNTAD

¿Puedes hacer todo lo que quieras?

NO, NO PUEDO VOLAR COMO UN PÁJARO.

VOLUNTAD

Sí, pero...

¿Acaso no eres libre de coger un avión?

Un pájaro, ¿es consciente de que vuela?

Un pájaro, ¿puede decidir no volar?

¿Te sientes condenado a ser un ser humano?

¿Puedes hacer todo lo que quieras?

SÍ, SI SÉ LO QUE QUIERO Y QUE LO QUIERO DE VERDAD.

Sí, pero...

¿Puedes equivocarte aunque estés seguro de ti mismo?

¿Y si estás seguro de querer matar a alguien?

¿Es un error hacer algo si dudamos?

¿Puedes impedir que alguien muera si lo quieres de verdad?

VOLUNTAD

¿Puedes hacer todo lo que quieras?

NO, NO PUEDO COMERME UN KILO DE CARAMELOS SIN PONERME ENFERMO.

VOLUNTAD

Sí, pero...

¿Debes escuchar siempre a tu cuerpo cuando se queja?

¿Tu cuerpo siempre tiene razón de ponerse enfermo?

¿Eres prisionero de tu cuerpo?

¿Debes guiarte por tu cuerpo, por tus apetencias o por la razón?

¿Puedes hacer todo lo que quieras?

SÍ, SI SOY SENSATO

Sí, pero...

¿Los hombres son sensatos y razonables?

¡LE QUIERO!

¿Es sensato y razonable estar enamorado?

VOLUNTAD

Y RAZONABLE.

¿No aprendes a ser sensato haciendo gamberradas?

¿Puedes escuchar a la razón antes de actuar?

¡GRR!

¿Puedes hacer todo lo que quieras?

NO, PORQUE ME APETECE HACERLO TODO.

VOLUNTAD

Sí, pero...

¿Sabes todo lo que puedes hacer?

¿Tienes ganas de no hacer nada?

¿Quieres a la vez quedarte en casa e irte de viaje?

¿Puedes actuar si te cuesta tomar una decisión?

¿Puedes hacer todo lo que quieras?

SÍ, SI SOY FUERTE Y VALIENTE.

Sí, pero...

¿Lo que quieres es siempre peligroso y difícil?

¿Basta con tener fuerza y valor para poder actuar?

VOLUNTAD

¿Los fuertes son siempre más libres que los débiles?

¡DE TODAS MANERAS, NO LO QUERÍA!

¿No hace falta también valor para renunciar a hacer lo que quieres?

¿Puedes hacer todo lo que quieras?

Crees que haciendo todo lo que quieras serás realmente libre. Sin embargo, la vida, los demás y tú mismo imponéis límites a tu voluntad. Así, lo quieras o no, eres un ser humano limitado por un cuerpo frágil que puede enfermar sin que tú lo decidas. Además, no siempre sabes lo que quieres, cambias a menudo de opinión. A veces incluso el sentido común te impide llevar a cabo los proyectos que le parecen demasiado peligrosos. Y cuando al fin te decides, te das cuenta de que la voluntad no es suficiente, de que hace falta también valor y fuerza para actuar. Entonces, te das por vencido, sobre todo si eres de los que quieren hacer muchas cosas. Para ser libre, es necesario saber elegir.

VOLUNTAD

Hacerte esta pregunta es, por tanto...

...reconocer lo que depende o no de tu voluntad.

¡SI QUIERO, PUEDO!

¡JOLINES!

...aprender a no ser prisionero de sueños imposibles.

...diferenciar entre un impulso y una voluntad largamente meditada.

PENSÉMOSLO BIEN...
¡COMERME UN CARAMELO!
¿SALVAR EL PLANETA?

RAZÓN / SENTIMIENTOS / VOLUNTAD

...saber escuchar al mismo tiempo a tu voluntad, a tus sentimientos y a la razón.

¿Los demás te impiden ser libre?

PRÓJIMO

¿Los demás te impiden ser libre?

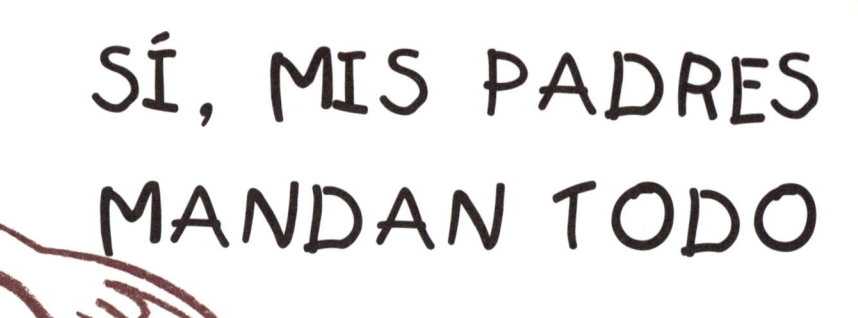

SÍ, MIS PADRES MANDAN TODO

Sí, pero...

¿Te impiden ser libre si sus órdenes son justas y útiles?

¿No eres libre de expresar tu desacuerdo y de desobedecer?

Y LA MAESTRA ME EL TIEMPO.

PRÓJIMO

¿Puedes guiarte tú solo?

¡NO!

¿Todos tienen el mismo derecho a darte órdenes?

¿Los demás te impiden ser libre?

NO, LA GENTE QUE ME QUIERE ME DA LIBERTAD.

Sí, pero...

¿La confianza que te otorgan puede también cegarte?

¿Y si se niegan a que les abandones para hacer lo que te gusta?

¿No debes antes que nada quererte a ti mismo para tenerte confianza?

¿Tus enemigos pueden también darte libertad?

PRÓJIMO

¿Los demás te impiden ser libre?

SÍ, PORQUE ME SIENTO OBLIGADO A COPIAR A LOS DEMÁS PARA CAERLES BIEN.

PRÓJIMO

Sí, pero...

¿No puedes caer bien a los demás sin imitarles?

¿Debemos ser diferentes a los demás para ser libres?

¿Eres tú o los demás los que te obligan a copiarles?

De todas formas, ¿te pareces a los demás?

¿Los demás te impiden ser libre?

NO, PORQUE NECESITO APRENDER Y HACER

Sí, pero...

¿No eres más libre haciendo las cosas solo?

¿Y si los demás te influyen de forma negativa?

A LOS DEMÁS PARA COSAS.

PRÓJIMO

¿Eres libre si necesitas a los demás?

¿Los demás deben también enseñarte a arreglártelas tú solo?

¿Los demás te impiden ser libre?

Sí, pero...

¿Los demás representan siempre una amenaza para ti?

¿Puedes vivir con libertad si te proteges siempre de los demás?

NO, PORQUE SÉ DEFENDERME.

PRÓJIMO

¿Sabes también defenderte de ti mismo y de tu miedo a los demás?

¡QUÉ MONO EL PERRO!

Si te defiendes de los demás, ¿éstos deben también defenderse de ti?

¿Los demás te impiden ser libre?

Para ti está claro, los demás son un freno para tu libertad. Sobre todo los adultos, que quieren siempre mandarte. Las órdenes de tus padres por un lado te molestan, pero por otro su amor te da confianza en ti mismo. Te imaginas capaz de todas las hazañas. Bueno, de casi todas, ya que por miedo a desagradar a tus padres te sientes obligado a imitarles, a pensar y a vivir como ellos. Resumiendo, no te sientes libre para mostrarte tal y como eres.
Y lo mismo sucede con los amigos. Los necesitas entre otras cosas para divertirte libremente.
Pero a veces piensas que ya sería hora de imponerte, de intentar oponerte a ellos. ¿Y si aprendieses a confiar en los demás sin temer ser tú mismo?

Hacerte esta pregunta es, por tanto...

...reconocer las ventajas y los inconvenientes de vivir con los demás.

POR LO MENOS NO ESTOY SOLO.

...no contentarte con criticar a los demás, sino aprender a vivir con ellos.

...aceptar que todos necesitamos a los demás.

...saber que a veces tú solo te impides ser libre.

PRÓJIMO

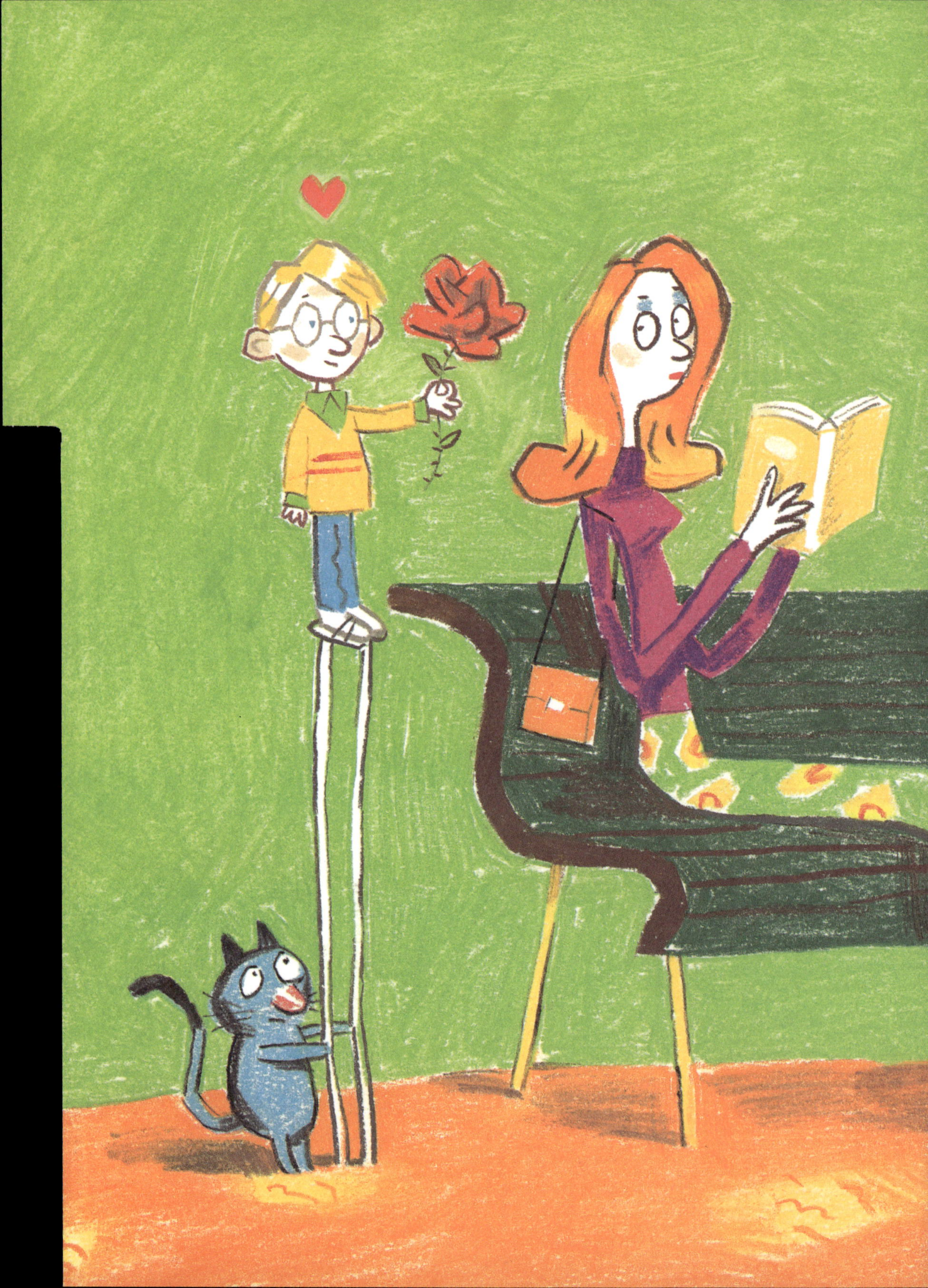

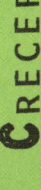

¿Necesitas crecer para convertirte en un ser libre?

CRECER

¿Necesitas crecer para convertirte en un ser libre?

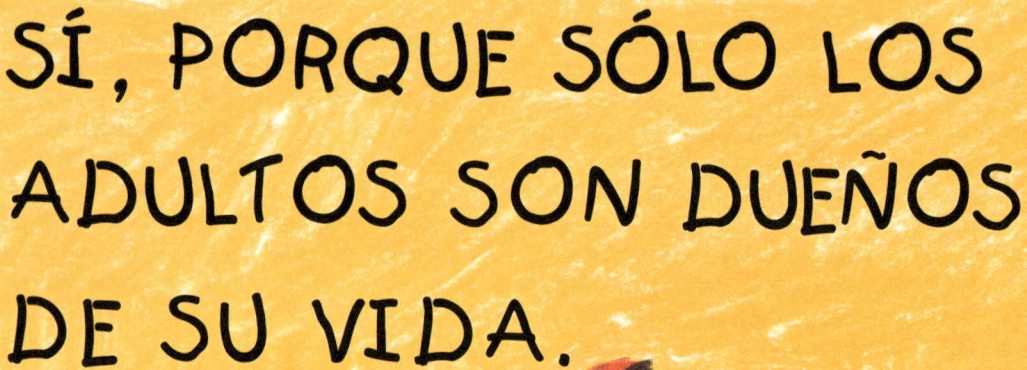

SÍ, PORQUE SÓLO LOS ADULTOS SON DUEÑOS DE SU VIDA.

Sí, pero...

¿Los adultos no tienen a nadie por encima de ellos?

¿Ser dueño de tu vida significa también aceptar no controlarlo todo?

CRECER

¿Existe una edad concreta en la que uno se convierte en dueño de su vida?

¿Podemos ser dueños de nuestra vida cuando no elegimos nacer ni morir?

¿Necesitas crecer para convertirte en un ser libre?

Sí, pero...

¿Ser libre no significa asumir responsabilidades?

¿Los adultos están obligados a ser responsables o lo son libremente?

NO, YO TENGO MENOS RESPONSABILIDADES Y PREOCUPACIONES QUE UN ADULTO.

¿Tus responsabilidades son menos importantes que las de un adulto?

¿Los adultos no se inventan a veces responsabilidades y preocupaciones inútiles?

¿Necesitas crecer para convertirte en un ser libre?

SÍ, PORQUE TENDRÉ Y SABRÉ PENSAR

Sí, pero...

¿Los adultos no tienen ideas preconcebidas que les impiden pensar?

¿No es más agradable vivir sin hacernos preguntas?

¿No eres más libre si actúas espontáneamente sin pensar?

MÁS EXPERIENCIA
MEJOR.

CRECER

¿Necesitas crecer para convertirte en un ser libre?

NO, PORQUE YA ME LO GUSTA Y

Sí, pero...

La libertad, ¿es hacer siempre lo que nos gusta?

¿No son más bien tus padres los que te dejan hacer lo que a ellos les gusta?

HAGO LO QUE ME PASO BIEN.

CRECER

¿Serás libre en el futuro si hoy no haces nada más que divertirte?

¿Debemos tomarnos la vida como un juego para ser libres?

¿Necesitas crecer para convertirte en un ser libre?

SÍ, PORQUE TENDRÉ MENOS MIEDO CUANDO SEA MAYOR.

Sí, pero...

¿El miedo te impide siempre ser libre?

La libertad, ¿es dejar de tener miedo o superar los temores?

CRECER

¿El miedo nos protege a veces del peligro?

Cuando crecemos, ¿no tenemos nuevos motivos para tener miedo?

¿Necesitas crecer para convertirte en un ser libre?

Te sientes menos libre que tus padres, porque les necesitas para vivir. Sin embargo, si por un lado un adulto es capaz de valerse por sí mismo, también tiene más obligaciones hacia su familia, hacia su trabajo o hacia la sociedad. Preocupado por sus responsabilidades, a veces ya no es capaz de divertirse como tú. Sin embargo, tú también a veces estás preocupado y tienes miedo. Gracias a su experiencia, el adulto puede a menudo pensar mejor y razonar sus miedos. Pero, como ya ha vivido, cree que conoce el mundo y se encuentra prisionero de ideas preconcebidas. Así, mientras que el niño necesita crecer para hacerse responsable, el adulto debe acordarse de su infancia para mantener una mirada libre sobre el mundo y la vida.

Hacerte esta pregunta es, por tanto...

...darte cuenta de que la libertad se consigue a lo largo de toda la vida.

...darte cuenta de que la libertad puede tomar formas distintas según las edades.

DOMINO MIS MIEDOS, DOMINO MIS MIEDOS.

...entender tus miedos sin dejar que te dominen.

...saber aprovechar plenamente cada momento, sin temor al día de mañana.

¡SOY FELIZ, SOY FELIZ!

CRECER

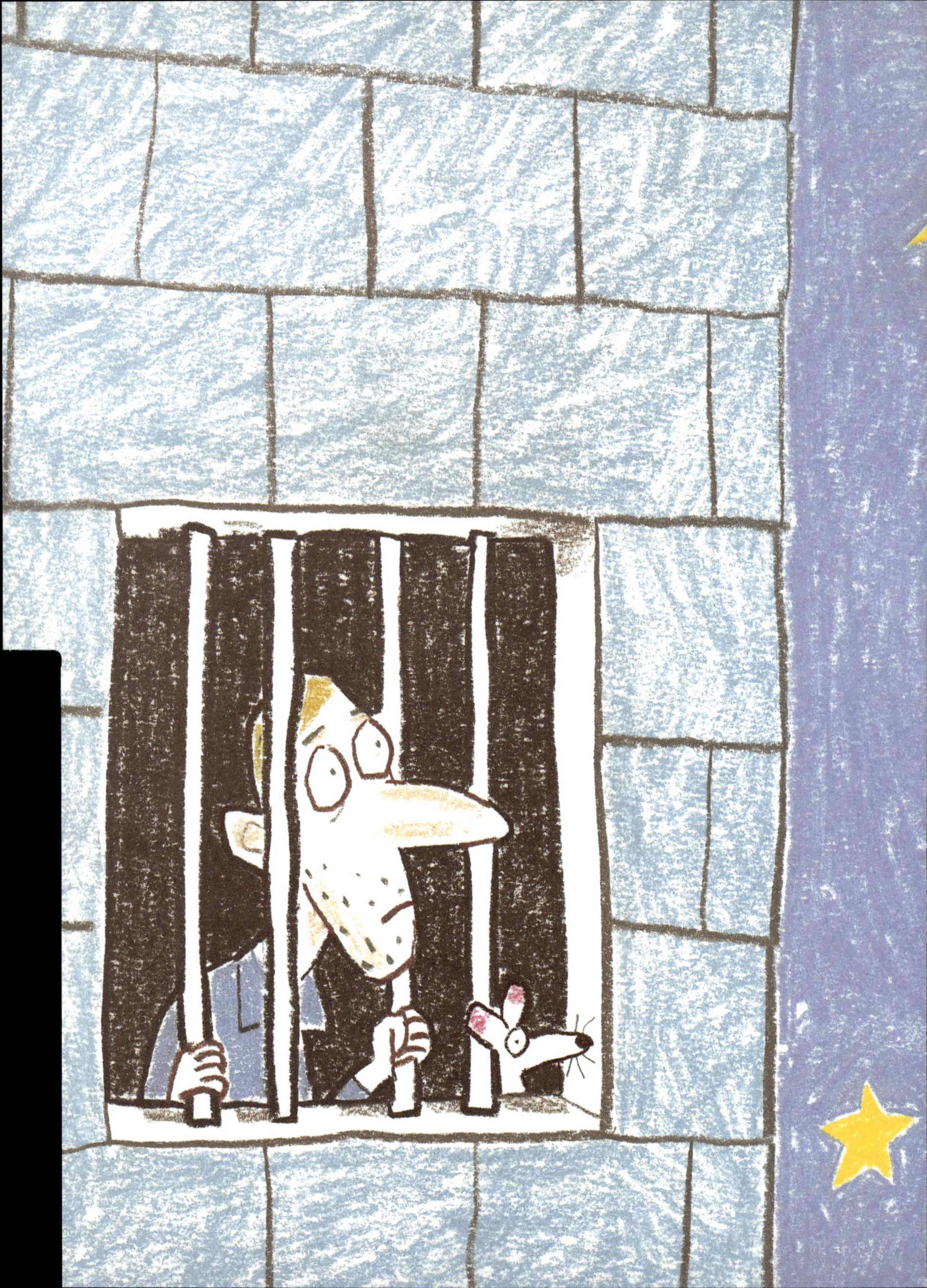

¿Un prisionero puede ser libre?

PRISIONERO

¿Un prisionero puede ser libre?

NO, PORQUE LE PROHÍBEN IR ADONDE ÉL QUIERA.

Sí, pero...

¿Puede aprender a respetar la libertad de los demás privándole de ésta?

¿Será más libre si se escapa sin cumplir su pena?

¿Eres tú siempre libre de ir adonde quieras?

¿Las prohibiciones impiden siempre ser libre?

PRISIONERO

¿Un prisionero puede ser libre?

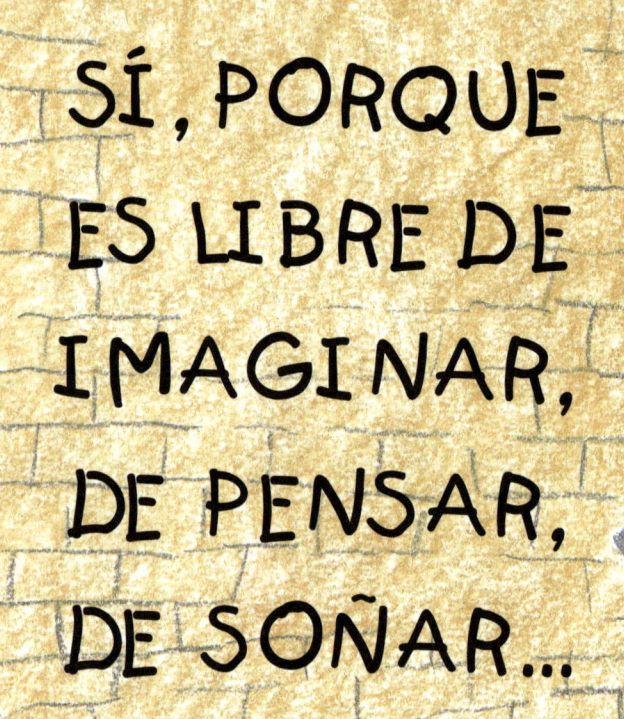

SÍ, PORQUE ES LIBRE DE IMAGINAR, DE PENSAR, DE SOÑAR...

Sí, pero...

¿La cárcel sólo encarcela el cuerpo de los hombres?

¿Hace falta huir de la realidad para ser libre?

¿La imaginación y los sueños pueden sustituir la vida?

¿La libertad existe sólo en nuestros sueños?

PRISIONERO

¿Un prisionero puede ser libre?

SÍ, SI SABE ACEPTAR SU SUERTE Y CONSERVAR LA ESPERANZA.

Sí, pero...

¿Debemos aceptar nuestra suerte si nos castigan injustamente?

¿Aceptar nuestra suerte no es permitir que los demás dirijan nuestra vida?

¿Y si para ser libre fuera mejor no esperar nada?

¿Podemos mantener la esperanza sin intentar mejorar nuestra suerte?

Prisionero

¿Un prisionero puede ser libre?

NO, PORQUE ES RECHAZADO POR LA SOCIEDAD.

Sí, pero...

¡OS ODIO A TODOS!

¿No es el prisionero el que ha decidido primero rechazar a la sociedad?

3 DÍAS MÁS Y SERÉ LIBRE

¿Excluimos a un hombre de la sociedad metiéndole en la cárcel?

¿Vivir en sociedad no nos impide también ser libres?

SOY UN ARTISTA INCOMPRENDIDO

¿La sociedad no rechaza también a ciertos artistas que le parecen demasiado libres?

PRISIONERO

¿Un prisionero puede ser libre?

NO, PORQUE NO PUEDE REALIZAR SUS PROYECTOS.

Sí, pero...

¿Los proyectos no acaban por obstruir nuestra existencia?

¿Ser libre no es vivir el presente sin preocuparse por el futuro?

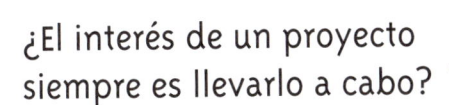

¿El interés de un proyecto siempre es llevarlo a cabo?

¿Es obligatorio actuar para ser libre?

PRISIONERO

¿Un prisionero puede ser libre?

Como está encerrado, un prisionero es, a ojos de todos, un hombre privado de libertad. Sin embargo, aunque su cuerpo esté atado, su espíritu queda libre de crear y de evadirse fuera de los muros de su prisión. ¿Pero su pensamiento no está limitado por las prohibiciones que le imponen cada día? Aunque es libre de hacer proyectos, es cierto que no puede llevarlos a cabo. Puede entonces perder la esperanza y sentirse encerrado en un presente que no le satisface. Antes que huir de la realidad a través de los sueños, quizás deba aceptar lo que le pasa, volver a tomar las riendas de su vida sin sentirse víctima de la sociedad. Y obtener así el sentimiento de ser libre. Como todos nosotros, prisioneros de nosotros mismos, que debemos decidir sobre nuestra vida a cada momento.

Hacerte esta pregunta es, por tanto...

...aceptar que la vida no se corresponde siempre con tus sueños.

¿SUPERMÁN EXISTE?

¡LO CONFIESO TODO: HE SIDO YO!

...asumir tus actos y sus consecuencias.

¡SOY PORQUE SOY!

...reconocer que un hombre no se reduce sólo a lo que hace.

AAAAAAAAAAAA

...aprender a adaptarse a las circunstancias de la vida.

PRISIONERO

¿Tenemos todos derecho a ser libres?

DERECHO

¿Tenemos todos derecho a ser libres?

SÍ, PORQUE LA LIBERTAD FORMA PARTE DE LOS DERECHOS DEL HOMBRE.

Sí, pero...

¿Los derechos se respetan siempre?

¿Debemos obligar a todo el mundo a respetar los derechos del hombre?

¿Los niños y los adultos tienen los mismos derechos?

¿Existen derechos sin deberes y sin obligaciones?

DERECHO

¿Tenemos todos derecho a ser libres?

NO, PORQUE NO SI SE ES POBRE

Sí, pero...

¿Los ricos pueden estar encadenados a sus riquezas?

¿Los ricos sienten envidia de que los pobres sean libres?

SE PUEDE SER LIBRE E IGNORANTE.

¿Necesitamos ser ricos para ser sabios?

¿No hace falta olvidar lo que sabemos para aprender libremente?

DERECHO

¿Tenemos todos derecho a ser libres?

SÍ, SI TODOS RESPETAMOS LA LIBERTAD DE LOS DEMÁS.

Sí, pero...

¿No es necesario que cada uno defienda su propia libertad?

¡LIBRE PARA MATAR!

¿Todas las libertades son respetables?

¿La libertad de los demás es más importante que la tuya?

DERECHO

¿Tenemos todos derecho a ser libres?

NO, NO EN LOS PAÍSES DEMOCRACIA.

Sí, pero...

¿Podemos impedir que una persona sea libre?

¿Una persona libre no lo es en todas partes?

EN LOS QUE NO HAY

¿Todas las personas son igualmente libres en una democracia?

¿Basta con votar para ser libre o hace falta también estar informado y saber pensar?

DERECHO

¿Tenemos todos derecho a ser libres?

SÍ, SI ESTAMOS DISPUESTOS A LUCHAR POR ESE DERECHO.

Sí, pero...

¿La libertad es algo que nos dan para siempre?

¡HAY QUE LUCHAR CONTRA LA TELE!

¿Hay que luchar contra uno mismo o contra los demás para ser libre?

Y SI MUERO, ¿QUIÉN LA VA A DEFENDER?

¿La libertad merece que muramos por ella?

¡VIVA LA LIBERTAD!

¿Es siempre justo hacer la guerra para defender la libertad?

DERECHO

¿Tenemos todos derecho a ser libres?

NO, PORQUE YA NO Y SERÍA UN CAOS.

Sí, pero...

¿Los jefes están ahí para mantener el orden o para hacer respetar la libertad de todos?

¿Puede haber también caos con un jefe?

HABRÍA JEFES

¿Está mal vivir en el caos?

¿No podemos ser cada uno nuestro propio jefe?

DERECHO

¿Tenemos todos derecho a ser libres?

Según la declaración de los derechos del hombre, la libertad es un derecho de todos. Sin embargo, cuando observas el mundo te das cuenta de que algunos hombres son menos libres que otros, porque son pobres e ignorantes, o porque viven en países que no respetan ese derecho. De todas formas, allá donde viva, el hombre está siempre obligado a luchar por su libertad, ya que ésta nunca se adquiere definitivamente. Por otro lado, para que el derecho a ser libres sea una realidad para todos nosotros, cada persona debe respetar la libertad de los demás, aunque tenga que limitar la suya. Incluso puede ceder un poco de su libertad individual a un jefe para que éste asegure la libertad de todos. Si bien la libertad es un derecho, también genera obligaciones.

Hacerte esta pregunta es, por tanto...

¡ABAJO LA INJUSTICIA!

...reconocer que la injusticia existe, aunque ello no significa aceptarla sin luchar.

...aceptar que la libertad no es un don.

...ser consciente de que cada uno es responsable de su libertad y de la de los demás.

...saber combatir por la justicia mientras sea necesario y posible.

¡ABAJO LA GUERRA!

¡SIEMPRE A PUNTO!

DERECHO

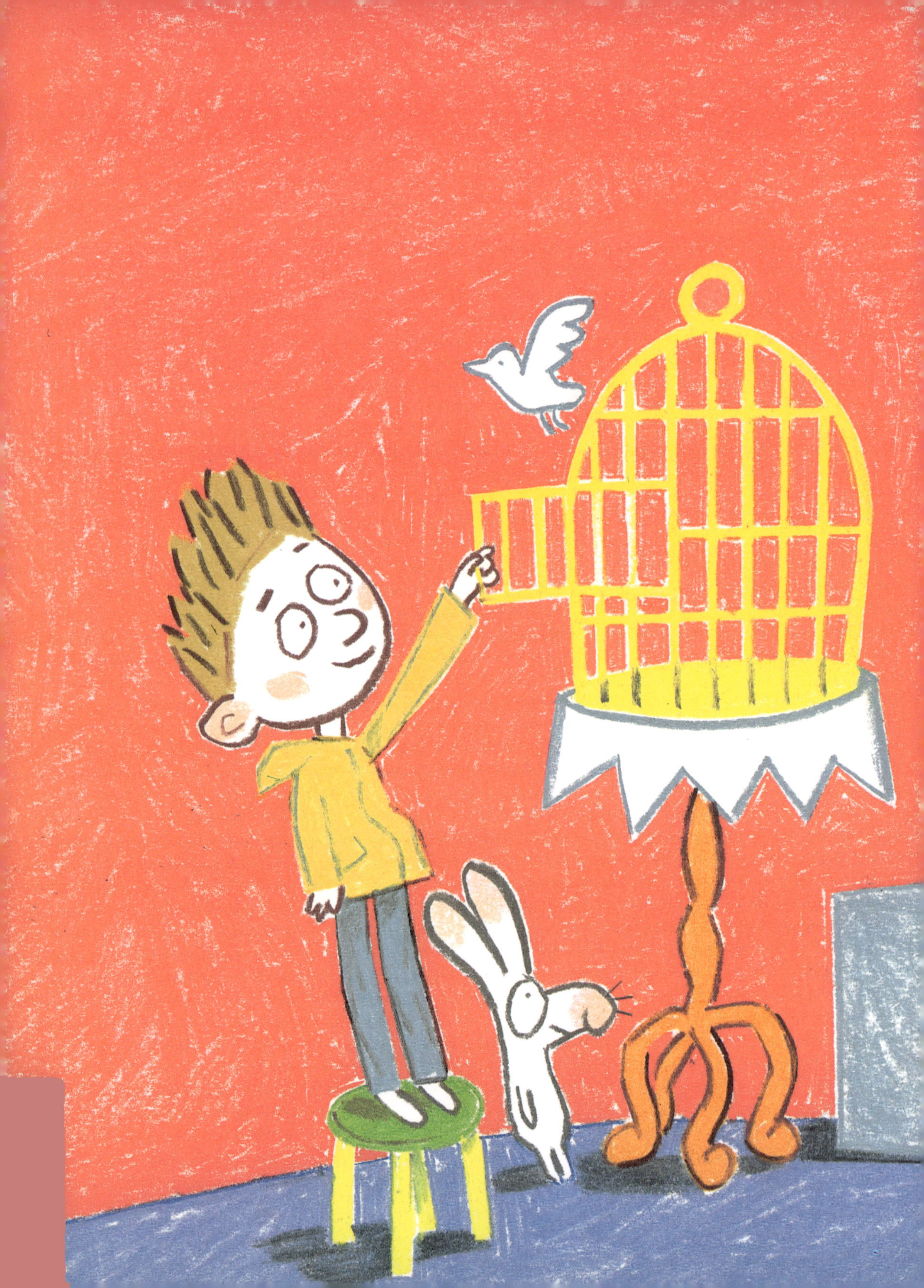

¿Para qué puede servirte la libertad?

UTILIDAD

¿Para qué puede servirte la libertad?

Sí, pero...

¡TODO PARA MÍ, NADA PARA LOS DEMÁS!

¿Debes utilizar tu libertad para ser feliz o para hacer felices a los demás?

ME ABURRO.

¿Es siempre fácil y agradable poder hacer lo que quieras?

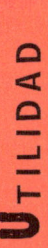

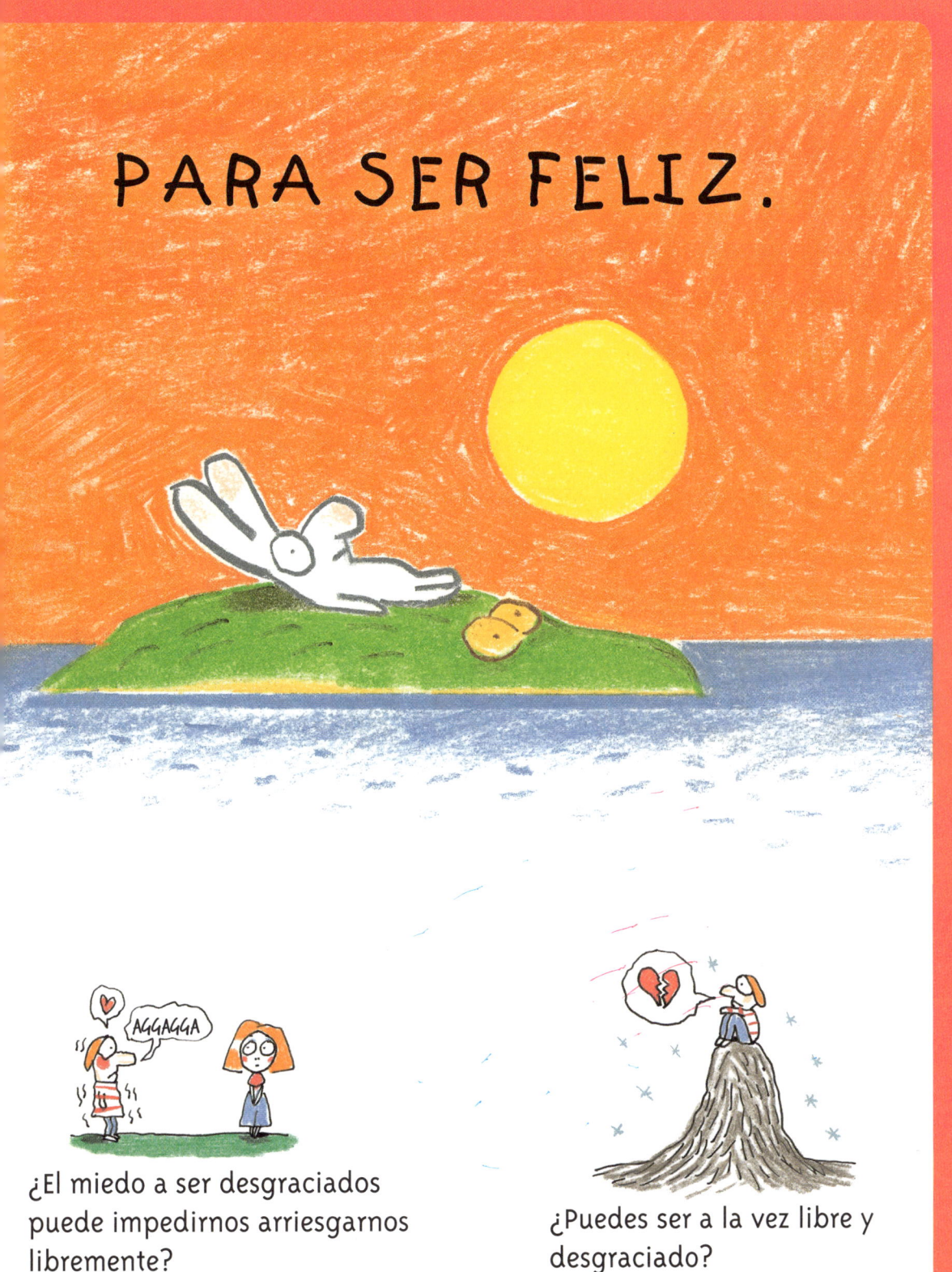

PARA SER FELIZ.

¿El miedo a ser desgraciados puede impedirnos arriesgarnos libremente?

¿Puedes ser a la vez libre y desgraciado?

UTILIDAD

¿Para qué puede servirte la libertad?

PARA ASUMIR SER GORDO O BAJITO Y PARA HACER QUE LOS DEMÁS LO ACEPTEN.

Sí, pero...

¿Debes forzar a los demás a aceptar tu imagen?

¿No debes tú también aceptar que los demás sean bajos o altos?

¿Serás más libre preocupándote menos por tu aspecto?

¿Necesitas la aprobación de los demás para aceptarte a ti mismo?

UTILIDAD

¿Para qué puede servirte la libertad?

PARA BUSCAR IDEAS NUEVAS PARA HACER QUE EL MUNDO AVANCE.

Sí, pero...

¿Las ideas nuevas hacen siempre bien al mundo?

¿No debes empezar por entender el mundo?

¿No debes primero intentar hacerte avanzar a ti mismo?

UTILIDAD

¿Para qué puede servirte la libertad?

PARA ELEGIR LA PROFESIÓN QUE YO QUIERA Y DARLE SENTIDO A MI VIDA.

Sí, pero...

Las dos cosas a la vez tienen que ser posibles.

¿Una profesión sirve para ganarse la vida o para darle sentido?

¡No todo es trabajo en la vida!

¿Tu vida no tendrá ningún sentido si no ejerces la profesión que quieres?

¿Tenemos que trabajar para ser libres?

¿Es necesario también aprender a no hacer nada para encontrarle sentido a la vida?

UTILIDAD

¿Para qué puede servirte la libertad?

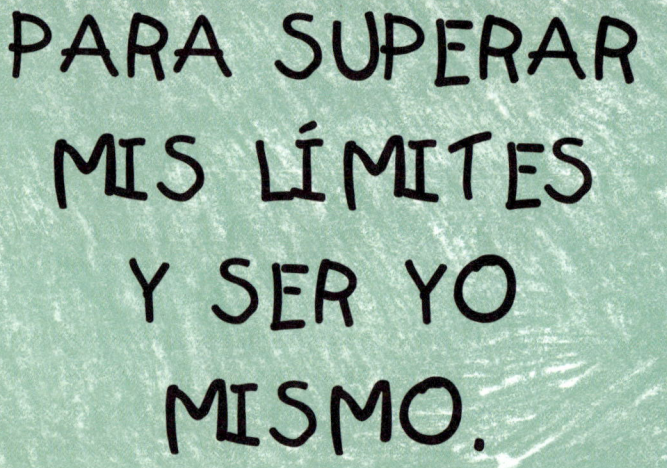

PARA SUPERAR MIS LÍMITES Y SER YO MISMO.

Sí, pero...

¿No vale más liberarse de uno mismo?

BYE, BYE — ESO, ADIÓS

SOY EGOÍSTA — MIEDOSO — MALO — PEREZOSO — INDISCRETO — TRAMPOSO — GAMBERRO

¿No es descubriendo tus límites como puedes ser tú mismo?

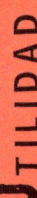

¿No eres ya tú mismo?

SÍ, PERO ¿QUIÉN?

¡GENIAL, SIEMPRE ES MI CUMPLEAÑOS!

¿Vivir es nacer a cada instante?

UTILIDAD

¿Para qué puede servirte la libertad?

PARA

Sí, pero...

¿Aprender a morir puede enseñarnos a vivir?

¿Eres libre de escribir tu vida y de ganar a la muerte?

NADA, PORQUE, DE TODAS FORMAS, MI DESTINO ES MORIR UN DÍA.

¿No podemos elegir morir?

¿La muerte es más fuerte que la vida?

UTILIDAD

¿Para qué puede servirte la libertad?

La libertad se defiende y se cuida como un tesoro. Todo el mundo quiere ser libre por razones distintas que no van siempre juntas. Para la mayoría de nosotros la libertad es, efectivamente, un medio de realizarnos individualmente, de aceptarnos, de conocernos mejor o de darle un sentido a nuestra vida. Para otros, la libertad sólo tiene valor colectivo: debe ser útil al mundo y a todas las personas. Por el contrario, para otras personas la libertad no tiene ningún sentido, ya que, según ellas, el ser humano no será nunca dueño de su destino. ¿Y si la libertad sirviera simplemente para ser reconocida y apreciada por lo que es... como la vida?

Hacerte esta pregunta es, por tanto...

...ser consciente de que la libertad no cura todos los males.

...comprender que las grandes ideas son útiles al hombre para vivir.

AMOR
LIBERTAD
FRATERNIDAD
IGUALDAD

...reconocer que la libertad no es siempre lo más importante.

...actuar sin esperar nada de los demás.

UTILIDAD

Oscar Brenifier
Doctor en Filosofía y formador, ha trabajado en numerosos países para promover los talleres de filosofía para adultos y la práctica filosófica entre los niños.
Es autor de varias obras de reflexión y de una recopilación de cuentos filosóficos.

http://www.brenifier-philosopher.fr.st/

Frédéric Rébéna
Hay una cosa en la vida que a Frédéric Rébéna le parece digno de admiración: son las personas que bailan, que se liberan bailando. Entonces si le preguntamos: «¿Qué es la libertad?», contesta: «BAILAR», sin dudarlo.
Frédéric, sin embargo, se libera a través del dibujo y, con la propia liberación del dibujo, se siente cada vez más a gusto con la vida... excepto, quizá, ¡cuando la gente baila a su alrededor!

ISBN: 978-84-236-8376-5
Printed in France

> Queda prohibida, salvo excepción prevista en la Ley, cualquier forma de reproducción, distribución, comunicación pública y transformación de esta obra sin contar con autorización de los titulares de la propiedad intelectual. La infracción de los derechos mencionados puede ser constitutiva de delito contra la propiedad intelectual (artículos 270 y siguientes del Código Penal). El Centro Español de Derechos Reprográficos (www.cedro.org) vela por el respeto de los citados derechos.